AF461982

POINTS DÉFINITIVEMENT ARRÊTÉS, pour servir à la rédaction de l'Instruction définitive concernant l'exercice & les manœuvres de l'Infanterie, & qui seront exécutés en attendant que cette rédaction puisse être achevée & envoyée à l'armée.

Nota. On n'a indiqué que les bases, sans faire mention de ce qui n'en est que la conséquence.

Page 2.

LA dénomination demi-bataillon de droite, demi-bataillon de gauche, sera substituée à celle: *premier demi-bataillon, second demi-bataillon.*

Il ne sera point fait d'exception pour la place des deux premiers Capitaines-commandans.

Page 3.

LE rang de taille de chaque compagnie sera formé indistinctement de droite à gauche.

Les Caporaux seront placés indistinctement à leur rang de taille.

Page 4.

LA distance entre les rangs sera de vingt-un pouces, à compter des talons de l'homme qui est derrière, aux talons de celui qui est devant.

Page 5.

LE cinquième Sergent, au lieu du Caporal, sera placé à la gauche du troisième rang de la compagnie de gauche de chaque bataillon.

Le remplacement de grade en grade se fera dans chaque

A

compagnie ; & au beſoin, d'une compagnie à l'autre du bataillon.

Cependant, lorſque le régiment ſera raſſemblé, le Lieutenant-colonel, ou le Major abſent, ſera remplacé par le Major en ſecond ; & celui-ci, par le plus ancien Capitaine.

Page 6.

LE Lieutenant-colonel ſera placé au ſecond bataillon ; le Major au premier.

Page 8.

LE Soldat, à ſa poſition, placera le petit doigt en arrière de la couture de la culotte, afin que les mains ne ſe portent pas en avant.

Page 9.

ON obſervera auſſi que ſes pieds ſoient également tournés, parce que ſi l'un des deux l'étoit plus que l'autre, il entraîneroit l'épaule.

Page 10.

LE commandement FIXE ſera ſubſtitué à celui, *tête directe*.

Page 12.

DANS le demi-tour à droite, la boucle du pied droit ſera placée contre le talon gauche.

Page 13.

DANS le principe du pas, on ſupprimera l'indication *du temps d'arrêt*, qu'il n'eſt pas néceſſaire d'exprimer à l'homme de recrue, parce qu'il ſe forme tout naturellement, lorſque le pied qui a paſſé vivement, ſe poſe doucement à terre.

Page 18.

ON obſervera, au principe du port d'armes, de ſubſtituer le talon de la croſſe à *la vis*, & que le petit doigt de la main droite reſte à la poſition preſcrite, ſans que la main tourne ni en dedans ni en dehors.

On obſervera auſſi que l'égalité du port d'armes, dans les hommes dont la ſtructure eſt différente, s'obtient en faiſant porter la croſſe plus ou moins en arrière, l'arme vue de face, reſtant toujours perpendiculaire.

Page 26.

L'EXCEPTION placée à la fin de cette page ſera ſupprimée, la poſition du ſecond & du troiſième rangs devant être la même.

Page 27.

ON obſervera à l'exécution du commandement *JOUE*, que le troiſième rang porte le pied droit à huit pouces en avant, dans la même direction où ſe trouve ce pied.

On n'exécutera que le premier mouvement au commandement *FEU*.

On exécutera le ſecond à celui *CHARGEZ*.

Même obſervation dans tous les feux aux Écoles de peloton, bataillon, & dans les évolutions.

Page 28.

ON ajoutera, après le commandement, *Portez = VOS ARMES*, l'obſervation ſuivante :

Si avant de faire feu, & après avoir apprêté les armes, on vouloit les faire porter; au commandement *portez*, les trois rangs prendroient la position face en tête, l'arme perpendiculaire entre les deux yeux ; la main gauche à hauteur du menton, & mettroient le chien au repos.

Au commandement VOS ARMES, ils porteroient les armes comme ci-dessus.

Page 29.

LE commandement *Baïonnette*=EN AVANT, sera substitué à celui, *Présentez*=LA BAÏONNETTE, & exécuté de la manière suivante.

Un temps & deux mouvemens.

Premier mouvement.

Faire un demi à droite sur le talon gauche, prendre la position du premier temps de la charge, empoigner en même temps l'arme à deux pouces au-dessous du chien sans tourner le fusil.

Deuxième mouvement.

Abattre vivement avec la main droite l'arme dans la main gauche qui la saisira en avant de la première capucine; le coude gauche près du corps, la main droite appuyée à la hanche, la pointe de la baïonnette à hauteur de l'œil.

Les deux derniers rangs apprêteront les armes en même temps que le premier portera la baïonnette en avant.

Portez = VOS ARMES.

Premier mouvement.

Tourner sur le talon gauche, se remettre face en tête, & replacer le talon droit à côté du gauche; redresser en même temps l'arme de la main droite, la porter à l'épaule, & placer la main gauche sous la crosse.

Deuxième mouvement.

Laisser tomber la main droite vivement à sa position.

Page 33.

LORSQUE le Soldat porte l'arme au bras, avec le soutien

ſoutien de la main droite, on obſervera qu'il puiſſe, ſans que cela paroiſſe, ſoulager ainſi, tantôt le bras gauche, tantôt la main droite.

On ſupprimera le troiſième mouvement du commandement, *Remettez* = *LA BAÏONNETTE*, & on fera porter l'arme au Soldat, par le commandement, *Portez* = *VOS ARMES.*

Page 34.

Même obſervation au commandement, *Baïonnette* = *AU CANON.*

On ajoutera à la fin de la même page le commandement ſuivant.

L'Arme = *BASSE.*

Comme pour ſe repoſer ſur les armes; excepté qu'en arrêtant le fuſil à quatre pouces de terre, on portera la croſſe en arrière, au lieu de la porter à terre, la main droite appuyée à la hanche, l'arme un peu inclinée en avant.

Portez = *VOS ARMES.*

Au commandement *portez*, redreſſer perpendiculairement l'arme; à celui *VOS ARMES* porter l'arme comme après s'être repoſé deſſus.

Nota. Ces commandemens ſeront, ainſi que ceux *l'arme* = *AU BRAS*, & *portez* = *VOS ARMES*, exécutés en marchant comme de pied ferme.

Page 35.

On ſubſtituera au commandement *charge précipitée*, celui charge en quatre temps.

Pages 36 & 37.

Des feux obliques.

Ces feux s'exécuteront à droite ou à gauche; lorſqu'ils devront s'exécuter à droite, on fera les mêmes commandemens que pour le feu de peloton direct, excepté que celui *JOUE* ſera précédé chaque fois de celui *oblique à droite*, ou *à gauche.*

Au commandement *ARMES*, les trois rangs exécuteront ce qu'ils exécutent dans le feu direct.

Au commandement *JOUE*, le troisième rang avancera le pied gauche à six pouces en avant, & vers la pointe du pied droit de l'homme du second rang; il avancera aussi le haut du corps; les deux derniers rangs feront ainsi prêts à tirer dans le même créneau qu'au feu direct, quoique dans une position oblique. Le premier rang inclinera le genou gauche un peu en-dedans, sans déranger le pied.

Au commandement *CHARGEZ*, les Soldats retireront l'arme pour amorcer dans la position oblique où ils se trouvent; & passant ensuite l'arme à gauche, ils se conformeront à ce qui est prescrit à la charge en douze temps: ceux du troisième rang reporteront en même temps le pied gauche contre le droit.

Quand les feux devront être obliques à gauche, au commandement *JOUE*, le troisième rang avancera le pied gauche à six pouces en avant, & contre le talon droit de l'homme du second rang; il avancera aussi le haut du corps, & sera prêt à tirer dans le créneau à la gauche de son Chef-de-file.

Au commandement *CHARGEZ*, les Soldats retireront l'arme pour amorcer dans la position oblique où ils se trouvent; & passant ensuite l'arme à gauche, reprendront la position face en tête, en se conformant à ce qui est prescrit pour la charge.

Même observation pour le pied gauche que ci-dessus.

Observations relatives aux feux obliques.

Il faut que dans les feux obliques, les Soldats du troisième rang aient soin au commandement *oblique à droite* ou *oblique à gauche*, de jeter les yeux d'avance sur le créneau dans lequel ils doivent mettre en joue.

D'après ces dispositions, on n'aura plus égard à la Planche V.

On exécutera le feu de deux rangs de la manière suivante.

Feu de deux Rangs.

1.

Peloton.

2.

ARMES.

3.

Commencez = LE FEU.

Au premier commandement, les trois rangs prendront la position indiquée pour le second, & le troisième rang dans les feux.

Au troisième commandement, l'homme du premier rang & celui du second mettront en joue, & feront feu.

L'homme du second rang passera, avec sa main droite, son fusil au Soldat qui sera derrière lui, & qui le prendra de sa main gauche, en donnant en même temps le sien de la main droite au Soldat du second rang, qui le recevra de même de la main gauche; l'homme du second rang tirera avec le fusil du troisième rang, le chargera, & tirera un second coup avec le même fusil qu'il repassera à l'homme du troisième rang, pour reprendre le sien qui aura été chargé par l'homme du troisième rang, & continuera ainsi à tirer deux coups avec le même fusil.

L'homme du premier rang continuera de charger & de tirer son arme.

Observations relatives au feu de deux Rangs.

Chaque homme, après avoir chargé, reviendra toujours à la position qu'il avoit prise au commandement *ARMES*.

Au commandement *roulement*, le feu cessera, chaque homme achevera de charger son arme, ou la mettra au repos & la portera; l'homme du second & du troisième rang ayant attention de se rendre réciproquement leur arme, s'ils ne l'avoient pas.

Pages 39 & 40.

LE petit pas & le pas alongé seront supprimés; ni l'un

ni l'autre n'ayant besoin d'École, & leur usage mis en principe de mesure déterminée, ce qui n'existe jamais dans l'application, ne pouvant qu'altérer la mesure importante du pas de deux pieds.

Page 41.

LE pas accéléré sera réglé à cent par minute.

On verra à *l'École du bataillon*, l'objet de ce changement, & son influence sur l'accélération du pas de route, dans les colonnes peu profondes.

Page 43.

LE commandement *en avant* précédera celui *MARCHE* dans la marche de flanc, & en deviendra le quatrième commandement.

Page 46.

AUX conversions, le commandement *par peloton* = *À DROITE*, sera substitué à celui *tournez à droite.*

Page 48.

A la conversion du côté du guide, on substituera à ce qui est prescrit, qu'au commandement *MARCHE,* chaque homme, excepté le pivot, fasse un demi à droite.

Nota. Les changemens *définitifs* de l'Ordonnance seront ainsi successivement envoyés.

Signé LE Cte DE PUYSEGUR.

LE Cte DE SCHOMBERG.

A PARIS, DE L'IMPRIMERIE ROYALE, 1789.

Page 49.

L'INSTRUCTEUR du peloton ne rectifiera lui-même *que le moins possible* les fautes de détail.

Page 50.

A l'ouverture des rangs, les Officiers & bas Officiers ne marcheront en arrière qu'après avoir fait demi-tour à droite. Ceux du premier rang marcheront ainsi quatre pas ; ceux du troisième rang, six; les serre-files, six.

Les second & troisième rangs & serre-files, en se portant en arrière au pas accéléré, sans compter les pas, dépasseront un peu les guides, & se porteront ensuite sur l'alignement.

Page 51.

L'INSTRUCTEUR dirigera l'alignement sur un serre-file de gauche, qu'il aura fait marcher à cet effet le nombre de pas nécessaire pour déterminer la direction.

Chaque homme observera de ne se porter en avant qu'à mesure que celui qui précède sera arrivé sur la ligne.

Page 53.

QUAND on voudra conserver l'alignement pendant le repos, on commandera :

En place = REPOS.

Alors aucun Officier, bas Officier ni Soldat ne bougera les talons.

Même dans l'autre espèce de repos, personne ne quittera son rang sans permission.

Page 54.

LES Officiers & bas Officiers qui sont dans le rang,

& qui dans les différentes charges auront fait un demi à droite, se remettront face en tête en même temps que le Soldat.

Page 55.

DANS les feux de peloton, le Chef de peloton se portera à quatre pas en arrière des serre-files, vis-à-vis du centre.

Page 56.

LES feux obliques à droite & à gauche s'exécuteront par les mêmes commandemens que ceux prescrits à l'École du Soldat.

Le feu de deux rangs sera substitué au feu de file : l'Instructeur fera à cet effet les commandemens prescrits à l'École du Soldat.

Page 57.

LE feu commencera par la droite du peloton, chaque file ne mettant en joue qu'au moment où celle qui est à sa droite prendra la cartouche pour charger. Cette attention n'aura lieu que pour la première décharge seulement.

Ce qui est prescrit au roulement pour le feu de file, s'observera également au feu de deux rangs, excepté que le troisième rang se conformera à ce qui est prescrit à l'École du Soldat.

Lorsque le feu se fera en arrière, il commencera par la gauche du troisième rang, devenue droite.

Page 58.

AU lieu de tirer à hauteur de *genou*, on tirera à hauteur de *ceinture*.

Pages 59 & 60.

L'ARTICLE pour rompre par ſection à droite, ſera libellé & exécuté de cette manière.

Au premier commandement, les Chefs de ſection ſe porteront au pas accéléré, à deux pas en avant du centre de leur ſection; celui de la ſeconde ſection paſſant par la gauche du peloton, ſans s'occuper de l'alignement, la diſtance de deux pas le déterminant d'une manière ſuffiſante, l'homme de droite du premier rang de chaque ſection fera à droite.

Au ſecond commandement, le Chef de chaque ſection ſe portera vivement, & par la ligne la plus courte, en-dehors du point où devra appuyer l'aile qui converſera.

Au commandement *HALTE*, le ſerre-file le plus près de la gauche ſe portera vivement en avant de la même aile, & ſera placé par le Chef de ſection, ſur la direction déterminée par lui Chef de ſection, & par l'homme de droite; chaque ſection exécutera le mouvement de converſion au pas ordinaire, & par le principe de converſion de pied ferme.

Page 62.

QUAND il n'y aura pas aſſez d'Officiers & de bas Officiers de ſerre-files, & que l'on ſera en colonne par ſection, le même guide ſervira, ſoit que la droite ou la gauche ſoit en tête.

Page 63.

LORSQU'ON ſe formera en bataille, la gauche en tête, le ſerre-file le plus près de la gauche ſe portera à la place indiquée au commandement *à droite* = *EN BATAILLE.*

En colonne, les Chefs de ſubdiviſion ne répéteront, dans aucun cas, que les commandemens d'exécution *MARCHE* & *HALTE;* & dans tous les autres cas ils ſe borneront à avertir leurs Soldats, s'ils n'avoient point entendu le commandement du Chef de bataillon.

Page 64.

EN colonne on ſubſtituera toujours le commandement

peloton à celui *colonne ;* & au moment où on devra la porter en avant, ce sera l'Instructeur qui fera le commandement *guide à gauche,* lequel deviendra le second commandement.

Page 65.

LE troisième alinea, *toute direction, &c.* sera supprimé, & le dernier ainsi libellé.

> Si le guide de la seconde section perdoit sa direction, il la reprendroit en avançant plus ou moins l'épaule, & regagneroit ainsi insensiblement la direction; chaque homme feroit le même mouvement, & la marche en feroit moins dérangée que par des mouvemens obliques qui feroient perdre la distance, & qui ne feroient pas applicables à tous les terrains.

Page 67.

SUPPRIMER le principe d'avancer l'épaule du côté opposé à l'alignement, en conversant.

Pages 69, 70 & 71.

LE mouvement de former le peloton sera ainsi libellé & exécuté.

> Au premier commandement, le Chef de la première section commandera:
>
> *Oblique à droite.*
>
> Au deuxième commandement, répété seulement par le Chef de la première section, la première section obliquera jusqu'à ce que son flanc gauche ait demasqué la file de droite de la seconde section.
>
> Le Chef de la première section commandera alors :
>
> *En avant* = MARCHE.
>
> Le guide de la première section rentrera en serre-file; la première section se conformera à l'alignement de la seconde, & le Chef de la seconde section se portera alors à sa place de guide.

Observations

Obſervations relatives au mouvement de former le peloton.

Si le Chef de la première ſection la laiſſe obliquer trop long-temps, & qu'il ne commande pas à temps *en avant* = *MARCHE,* il y aura une ouverture au centre du peloton; dans le cas contraire, la ſeconde ſection ſe trouveroit maſquée par la première.

L'Inſtructeur placé en avant de la droite de la ſeconde ſection, jugera ſi la première à trop ou trop peu obliqué, & ſi ſa marche a été correcte.

On formera le peloton, la gauche en tête, par les moyens inverſes, en appliquant à la ſeconde ſection tout ce qui a été preſcrit pour la première, avec cette différence que le Chef de la ſeconde ſection ſe placera à la gauche du premier rang, le peloton devant, dans tous les cas, être ainſi encadré.

Page 74.

LORSQUE la colonne s'arrêtera, l'Inſtructeur ſe portant ſur la direction des guides, s'aſſurera de leur poſition, la rectifiera s'il eſt beſoin, & commandera enſuite :

À droite = *ALIGNEMENT.*

A ce commandement le Chef de chaque ſection ſe portera vivement au flanc du guide à la diſtance de deux pas ; & prenant la ligne de ſes épaules pour baſe d'alignement, alignera ſa ſection, & commandera :

FIXE.

Les guides obſerveront au commandement *HALTE,* d'avoir les yeux ſur l'Inſtructeur.

Page 78.

L'ÉCOLE de la diviſion étant répartie dans celle du peloton & dans celle du bataillon, la colonne de route ſera ajoutée à la troiſième partie de l'École du peloton, & en deviendra l'article 9.

Page 93.

On obſervera dans la marche à volonté, de ne prendre que trois pieds & demi de diſtance du talon de celui qui ſuit, au talon de celui qui précède.

Page 94.

Chaque rang, dans les changemens de direction, obſervera de tourner ſucceſſivement ſur la même place.

La formation du peloton s'exécutera comme il a été preſcrit ci-deſſus; il ne ſera néceſſaire par conſéquent ni d'alonger, ni de raccourcir le pas.

Pages 95, 96, 97, 98 & 99.

On y ſubſtituera ce qui ſuit.

Article 10.

Paſſage du défilé.

Le défilé ſe trouvant du front d'une ſection, l'Inſtructeur, avant d'y entrer, fera rompre le peloton par le demi à droite.

Le peloton marchant en colonne par ſection, la droite en tête, les ſections ſuppoſées de huit files, non compris les guides & ſerre-files, le défilé ne donnant paſſage qu'à ſept files, l'Inſtructeur commandera au Chef de la première ſection de faire mettre une file en arrière; la ſeconde ſection exécutera le même mouvement à la même place.

Le défilé ne donnant paſſage qu'à ſix files, chaque ſection ne pouvant plus mettre de files en arrière du même côté, ſans ſe former ſur cinq de profondeur & ſans alonger la colonne, on mettra une file en arrière du côté oppoſé.

Le défilé ne donnant plus paſſage qu'à cinq files, la profondeur de cinq devenant indiſpenſable, & ne pouvant être priſe ſans alonger la colonne qu'en ſerrant les rangs & les mettant au pas cadencé, l'Inſtructeur, avant de faire mettre une file de plus en arrière, commandera au Chef de la première ſection de faire porter l'arme au bras. A ce commandement, les Soldats l'exécuteront, & prendront le pas cadencé, le ſilence, l'exactitude des files & la diſtance entre les rangs.

L'Inſtructeur commandera au Chef de la première ſection, de faire mettre encore deux files en arrière d'un côté, & de faire rentrer en même temps en ligne celle du côté opposé, ce qui réduira le front à cinq files.

Il le réduira enſuite à quatre.

Enfin, l'Inſtructeur fera mettre encore une file en arrière, ce qui réduira le front à trois files.

L'Inſtructeur commandera au Chef de la première ſection, de remettre ſucceſſivement les files en ligne, à meſure que le défilé s'élargira.

Lorſqu'il y aura paſſage pour ſix files, ſans y comprendre les guides & ſerre-files, l'Inſtructeur ne commandera au Chef de la première ſection de faire porter l'arme à volonté, qu'après que le front aura été ſucceſſivement augmenté juſqu'à ſix files, avec une file en arrière de chaque côté.

L'Inſtructeur fera former le peloton.

Obſervations relatives au paſſage du défilé.

L'Inſtructeur exigera que le Chef de la ſeconde ſection lui faſſe exécuter tous les mouvemens ſucceſſifs à la même place que la première.

Il exigera auſſi que dans tous ces mouvemens, le peloton n'occupe jamais plus de terrain qu'il n'en tenoit en bataille.

Lorſqu'on eſt en colonne au pas de route par ſection, & que le paſſage d'un défilé oblige de mettre des files en arrière, le pas à volonté ne peut ſe conſerver qu'autant que le nombre de files en arrière, ou bien, ce qui eſt la même choſe, qu'autant que le nombre de rangs qu'elles forment avec les trois rangs derrière leſquels elles marchent, n'excède pas la moitié du nombre de files du front de bataille de la ſection.

C'eſt d'après ce principe que lorſqu'on voudra conſerver le plus long-temps & reprendre le plus tôt poſſible le pas à volonté, on rompra les files par la droite ou par la gauche, ou bien par la droite & la gauche, & qu'on les remettra de même en ligne, de manière à remplir l'objet ci-deſſus indiqué.

ARTICLE II.

Arrêter le peloton en marche de route.

Lorſque l'Inſtructeur voudra arrêter le peloton en marche au pas de route, il commandera :

I.

Peloton.

2.

HALTE.

Au ſecond commandement, les Soldats porteront l'arme; les ſecond & troiſième rangs ſerreront, & ſi la colonne eſt formée par ſection, les Chefs de ſection & ſerre-files ſe porteront à leurs places de bataille.

Page 80.

DANS la marche de flanc, le peloton étant ſuppoſé en colonne, les commandemens *MARCHE* & *HALTE* y ſeront répétés.

On placera les deux articles ſuivans avant l'article 3.

ARTICLE 3.

Le peloton marchant par ſon front ou par ſon flanc, lui faire faire à droite ou à gauche en marchant.

Le Chef de peloton, à l'avertiſſement qui lui en ſera donné par l'Officier-inſtructeur, commandera :

I.

Par le flanc droit.

2.

MARCHE.

Au ſecond commandement, fait à l'inſtant où le pied, n'importe lequel, va poſer à terre, le Soldat, ſoit qu'il marche par le front ou par le flanc, fera à droite ou à gauche, ſans qu'on s'aſtreigne à y employer plus de méthode ni à exiger une exécution préciſe, pourvu que ſi le pas ſe perd, il ne tarde pas à ſe reprendre.

ARTICLE 4.

Le peloton marchant par le flanc, le faire former en marchant.

Cet article, pris dans l'école de la diviſion, *page 104*, ſera

ſera exécuté dans celle de peloton par les mêmes moyens, en ſubſtituant au commandement *formez le peloton*, celui par peloton en ligne.

Page 81.

ON ſupprimera le premier alinea des obſervations.

Page 82.

AU troiſième commandement de la contre-marche, le guide fera demi-tour à droite; l'Inſtructeur commandera *par files à droite.* Au commandement *FRONT,* le nouveau guide prendra vivement la place qu'il doit occuper; & l'autre paſſant devant le premier rang, ſe portera à ſa place au flanc oppoſé. Le Chef de peloton ne commandera l'alignement que lorſqu'il y ſera placé.

Pages 83, 84 & 85.

ON ſubſtituera ce qui ſuit à ce qui y eſt preſcrit.

Former le peloton ſur deux rangs.

L'Inſtructeur commandera:

1.

Sur deux rangs formez le peloton.

2.

Troiſième rang par le flanc gauche.

3.

À GAUCHE.

4.

MARCHE.

Au ſecond commandement, le guide gauche & le troiſième rang feront à gauche; au troiſième, ils ſe mettront en marche: l'homme de gauche du troisième rang se placera à la gauche du premier rang; celui qui le suit se placera à sa gauche, & ainsi de suite pour les hommes de la seconde section. L'homme de gauche de la première section se placera à la gauche du second rang; l'homme qui le suit à sa gauche, & ainsi de suite comme ci-dessus: le guide prendra sa place.

Quand le peloton sera formé sur deux rangs, s'il doit manœuvrer dans cet ordre, le Chef de peloton le divisera en deux sections, & les serre-files se répartiront derrière le peloton.

Le peloton étant formé sur deux rangs, le remettre sur trois.

L'Instructeur commandera:

1.

Sur trois rangs formez le peloton.

Le Chef de peloton commandera:

1.

Troisième rang par le flanc droit.

2.

À DROITE.

3.

MARCHE.

Au second commandement, le troisième rang fera à droite, les premières files déboîteront à droite; au troisième commandement, le troisième rang se reformera par le mouvement contraire à celui par lequel il s'étoit formé sur deux rangs.

Page 85.

LA marche en bataille, prise dans l'école de division, devant former la cinquième partie de l'école du peloton, elle sera libellée & exécutée comme il suit.

CINQUIÈME PARTIE.

ARTICLE PREMIER.

De la marche en bataille.

Si c'eſt un peloton, qui dans le bataillon ſoit à la gauche du drapeau, l'Inſtructeur placera un bas Officier à ſix pas en avant du Chef de peloton, & dans la direction de ſa file, pour donner le pas & la direction; il placera auſſi un ſerre-file à la gauche du premier rang, & un à la gauche du troiſième, pour ſurveiller le peloton pendant ſa marche.

Si c'eſt un peloton, qui dans le bataillon ſoit à la droite du drapeau, l'Inſtructeur placera le bas Officier deſtiné à lui donner le pas & la direction en avant de la file des deux ſerre-files placés à la gauche du ſecond & du troiſième rangs.

Cette diſpoſition étant faite, l'Inſtructeur commandera :

1.

Peloton = EN AVANT.

2.

MARCHE.

Au premier commandement, l'Inſtructeur ſe placera dix ou douze pas en avant du bas Officier chargé du pas & de la direction, & lui faiſant face, il examinera s'il correſpond à la file en arrière, ſi cette file eſt elle-même perpendiculairement placée, & rectifiera ſa direction ſi cela eſt néceſſaire.

Ce bas Officier prendra des points à terre dans la ligne de direction, qui doit paſſer à peu près entre les talons de l'Officier-inſtructeur.

Au ſecond commandement, le peloton ſe mettra en marche; le bas Officier, chargé du pas & de la direction, prendra des points à terre ſur le prolongement des premiers.

Le Chef de peloton, ou le ſerre-file de gauche qui eſt au premier rang derrière le bas Officier de direction, marchera exactement dans la trace de ſes pas, conformera à la ligne de ſes épaules la direction des ſiennes, & ſe maintiendra conſtamment à ſix pas du bas Officier chargé de donner le pas & la direction.

Obſervations relatives à la marche en bataille.

Le bas Officier chargé du pas & de la direction, ayant une grande influence ſur la marche, on n'emploîra à cette fonction que des bas Officiers choiſis & exercés, de manière à être aſſuré que leur marche ne laiſſe rien à deſirer, ſoit pour la préciſion du pas, ſoit pour l'habitude de ſuivre ſans varier une direction perpendiculaire à la ligne de leurs épaules. Il leur ſera preſcrit, à cet effet, de ne prendre des points de direction qu'à terre, à quinze ou vingt pas les uns des autres, d'après les principes donnés aux guides des colonnes.

L'Inſtructeur s'aſſurera que le bas Officier de direction prenne ſucceſſivement ces points, de manière à ce que ſa marche ſe maintienne perpendiculaire. Si elle ne l'étoit pas, il s'en apercevroit par la trop grande ouverture ou preſſion des files, & alors il avertiroit ainſi le bas Officier de changer de direction.

Point de direction plus à droite ou plus à gauche.

Le bas Officier prendroit de nouveaux points ſi près des premiers, que le changement de direction fût preſque inſenſible.

Les têtes devant toujours reſter directes, c'eſt par le ſeul tact des coudes que les Soldats doivent conſerver l'alignement; ils y parviendront ſûrement, s'ils n'apportent aucune négligence dans l'obſervation des principes du pas, s'ils maintiennent toujours carrément leurs épaules, & s'ils conſervent le calme qui leur eſt recommandé.

Si les Soldats perdent le pas, l'Inſtructeur commandera:

Au pas.

A ce commandement, les Soldats jetteront un coup-d'œil ſur le bas Officier chargé de la direction; ils reprendront ſon pas, & ils reporteront leurs yeux dans la ligne directe.

On préviendra les Soldats de tenir toujours légèrement au coude de l'homme à côté d'eux, & du côté du bas Officier chargé du pas & de la direction.

On portera la plus grande attention à ce que tout Soldat qui feroit la faute d'être en arrière, & ce qui feroit pis encore d'être en avant de l'alignement, n'y rentrât qu'inſenſiblement,

ſiblement, & de manière à ne pas faire flotter le rang : on veillera ainſi à ce que les Soldats, loin de déborder les Officiers ou bas Officiers qui marchent au premier rang, reſtent un peu en arrière d'eux.

On peut auſſi dans les premiers exercices faire marcher le peloton en bataille à rangs ouverts, & c'eſt une des meilleures leçons pour cette École importante.

L'Inſtructeur placé ſur le flanc du côté de l'alignement, veillera à l'obſervation des principes.

Le peloton étant ſuppoſé en bataille, les commandemens *MARCHE* & *HALTE* n'y ſeront pas répétés.

ARTICLE 2.

Arrêter le peloton & l'aligner.

L'Inſtructeur commandera :

1.

Peloton.

2.

HALTE.

3.

À droite = *ALIGNEMENT.*

Le Chef de peloton, placé à la droite, rectifiera l'alignement ſur le ſerre-file placé au flanc oppoſé, & commandera :

FIXE.

Obſervation relative à l'alignement du peloton après la marche en bataille.

Si le peloton faiſoit partie du demi-bataillon de droite, la ligne de direction ſeroit placée à la gauche du peloton ; & dans ce cas l'Inſtructeur commanderoit : *à gauche* = *ALIGNEMENT,* & le ſerre-file qui ſeroit à la gauche du premier rang, ſeroit chargé de rectifier l'alignement du peloton ſur ſon Chef qui ſerviroit de ſecond point, l'alignement devant toujours ſe prendre du côté de la ligne de direction.

Le bas Officier chargé du pas & de la direction, restera en avant du front.

ARTICLE 3.

Marcher en bataille par le troisième rang.

L'Instructeur commandera :

1.

Peloton.

2.

Demi-tour = *À DROITE.*

L'Instructeur fera passer ensuite en avant de la ligne de direction, le bas Officier chargé de la maintenir.

Il observera, pour marcher par le troisième rang, les mêmes principes que pour marcher par le premier, excepté que le bas Officier de remplacement se portera sur la ligne des serre-files, & sera remplacé par le Chef de peloton au troisième rang devenu le premier; le serre-file du flanc s'y portera de même.

L'Instructeur, après avoir arrêté le peloton, & lui avoir fait faire demi-tour à droite, commandera l'alignement comme il a été prescrit pour le premier rang.

Le bas Officier chargé de la direction, se portera à six pas en avant de cette file; le bas Officier de remplacement & le serre-file de gauche reprendront leurs places de bataille.

ARTICLE 4.

Le peloton marchant en bataille par le premier rang, le faire marcher obliquement.

On adoptera à l'École de peloton cet article rédigé dans l'Ordonnance pour l'École de la division.

Voyez pages 118 & 119.

ARTICLE 5.

Marcher les différens pas; le peloton étant de pied ferme, le faire marcher en arrière.

L'Instructeur commandera :

1.

En arrière.

2.

MARCHE.

On ſe conformera dans cette marche aux principes de l'École du Soldat.

Marquer le pas.

L'Inſtructeur commandera :

1.

Marquez le pas.

2.

MARCHE.

3.

En avant.

4.

MARCHE.

On ſe conformera de même dans cette exécution aux principes de l'École du Soldat.

Marcher au pas accéléré.

L'Inſtructeur commandera :

1.

Pas accéléré.

2.

MARCHE.

3.

Pas ordinaire.

4.

MARCHE.

On ſe conformera de même dans cette exécution aux principes du pas accéléré, en obſervant de n'en jamais marcher moins que cent, afin que des changemens de pas plus fréquens n'en altèrent pas la cadence.

Obſervations relatives aux différens pas.

Les Soldats jetteront de temps en temps un coup-d'œil vers le bas Officier de direction.

L'Officier-inſtructeur veillera à ce que l'alignement & le maintien de la ligne des épaules qui l'aſſure, ſoient toujours correctement obſervés.

Les différens pas ne ſeront marchés en colonne, par le flanc & en bataille, que lorſque le pas direct & le pas oblique ſeront bien affermis.

Lorſque les pelotons ſeront parfaitement dreſſés, on les réunira pendant quelques jours en demi-bataillon, pour les exercer à l'École du bataillon.

Ce demi-bataillon ſera alternativement composé de trois & de deux diviſions, en obſervant d'en prendre toujours une de droite & une de gauche, ou quand les Grenadiers y ſeront, deux de droite & une de gauche, afin que le drapeau & ſa garde ſe trouvent à tous ces exercices entre deux diviſions de Fuſiliers. Des Officiers ſupérieurs, le Capitaine-directeur & des Capitaines choiſis inſtruiront ces demi-bataillons.

Signé LE C.TE DE PUYSEGUR.

LE C.TE DE SCHOMBERG.

A PARIS, DE L'IMPRIMERIE ROYALE. 1789.

www.ingramcontent.com/pod-product-compliance
Ingram Content Group UK Ltd.
Pitfield, Milton Keynes, MK11 3LW, UK
UKHW020231180726
13838UKWH00005B/2317

9 782329 329154